Les questions des tout-petits sur Dieu

Les questions des tout-petits sur Dieu

Auteure : Marie Aubinais
Illustrateur histoires : Nicolas Estienne
Illustratrice dialogues : Anouk Ricard

bayard jeunesse

Tôt ou tard, et parfois très tôt, les enfants s'interrogent sur Dieu, son existence, son aspect, son action... et leurs questions désemparent les adultes, croyants ou incroyants.

Ce livre propose six histoires inspirées de contes traditionnels, qui sont chacune un début de réponse à des questions d'enfants.

La grande force des contes est d'offrir le langage de la métaphore pour aborder des interrogations qui dépassent le savoir des hommes. Le conte constitue une réponse sensible, qui touche non seulement l'intelligence de son auditeur, mais aussi ses émotions, et qui provoque la réflexion à l'aide d'images, sans recourir au concept, plus absolu et moins accessible aux très jeunes.

Les contes de ce livre proviennent de régions du monde et de religions très différentes. Ce qui ne signifie pas que toutes les religions sont interchangeables, mais que partout les hommes se posent les mêmes questions et que leurs réponses spirituelles se rejoignent sur certains points essentiels, au-delà de différences de dogmes.

Puissent ces quelques histoires et leurs illustrations permettre aux adultes et aux enfants d'aborder ensemble et en douceur une réflexion sur cette question qui n'a pas fini de tarauder l'humanité :
Qui est Dieu ?

L'éditeur

Sommaire

Est-ce qu'il exciste, Dieu? 12

Où il est, Dieu? 26

Est-ce qu'on peut le voir, Dieu? 52

Qui est-ce qu'il fait, Dieu? 80

Pourquoi il n'empêche pas le mal, Dieu? 92

Pourquoi on n'a pas tous le même Dieu? 120

Est-ce qu'il exciste, Dieu ?

Mon Dieu, que c'est beau, quand même !
Tu crois en Dieu, Papi ?
Oui
Et toi, Mamie ?
Non, pas moi.
Pourquoi tu y crois, toi, Papi ?
Je crois que "quelque chose" ou "quelqu'un" de plus grand que nous existe et existait avant les hommes.
Et toi, Mamie, pourquoi tu n'y crois pas ?
Moi, je pense que ce sont les hommes qui ont imaginé Dieu...

Mais comment savoir s'il existe ou pas ?
On ne peut pas le savoir, on peut croire.
Partout dans le monde, des hommes se posent la question.

D'où vient le monde, la vie. C'est une énigme, un mystère.
Je connais une histoire à ce sujet…

Une grenouille vivait dans un puits
avec d'autres grenouilles.
Elle était née là et y vivait depuis toujours.

Elle connaissait tous les coins et les recoins de son puits.
Elle connaissait tous ses habitants,
elle connaissait ses odeurs et ses bruits,
elle connaissait le moindre creux de sa paroie.
Elle n’en était jamais sortie.

Un jour, elle rencontra – quelle surprise ! –
une grenouille qu'elle n'avait jamais vue.
Elle fit visiter le puits à l'inconnue,
puis elle l'invita chez elle pour partager
un petit rafraîchissement.

Là, elle osa lui demander :

– D'où viens-tu ?

– De la mer, répondit l'autre. C'est là que j'habite.

– De la mer ?

La grenouille du puits resta silencieuse quelques instants.

La grenouille de la mer savourait le goûter.
La grenouille du puits reprit :
– À quoi ressemble la mer ?
Est-elle aussi grande que mon puits ?
La grenouille de la mer se mit à rire :
– Aucune comparaison ! dit-elle.

La nouvelle venue décrivit l'immensité, la profondeur,
les poissons de mille sortes, les bateaux,
les tempêtes, les rivages, les îles…
La grenouille du puits fit semblant de s'intéresser
à ce que la visiteuse disait.
Mais elle ne pouvait pas s'imaginer la mer.

Alors la grenouille du puits
raccompagna la grenouille de la mer
vers la sortie du puits.

En redescendant dans l'obscurité de son puits,
dans les odeurs et les bruits habituels,
vers tous les coins et les recoins familiers,
elle se dit en elle-même :
– Est-ce qu'elle raconte n'importe quoi
ou est-ce que c'est vrai ?

Moi je sais comment c'est, la mer !
Mais la grenouille du puits, elle n'a jamais rien vu d'autre que l'intérieur de son puits.
Elle ne peut pas imaginer ce qui est hors du puits.
Mais nous, on n'est pas des grenouilles !
Oui, c'est vrai ! Mais malgré toutes leurs connaissances, les hommes ne savent pas tout : d'où vient la vie ? Comment c'est, la mort ?

Ce qui serait bien, ce serait de pouvoir suivre quelqu'un hors du puits.
frott frott
Oui mais est-ce qu'il existe, ce quelqu'un?
Regardez ! Voilà maman ! Elle existe, elle !

Où il est, Dieu ?

T'as vu la fumée de l'avion, papa?
Ce sont les gaz d'échappement.
Y'a quoi au-dessus?
De l'air.
Et encore au-dessus?
L'espace.
Ça s'arrête où?
Je ne sais pas, personne ne le sait.
Ben si, Dieu! Il est là-haut!

Pas vraiment... ceux qui y sont allés avec des fusées ne l'ont jamais vu.
Alors il est où ?

C'est une grande question !
Papi dit qu'il est à la fois à l'intérieur de nous...

... et à la fois tellement immense qu'on ne peut pas l'imaginer...
Ça me rappelle deux histoires ! Je te les raconte ?

Un soir, les villageois rassemblés sur la place virent la vieille Rabia sortir de chez elle. Penchée vers le sol, elle semblait chercher quelque chose dans la rue.

Ils s’approchèrent et lui demandèrent :
– Bonsoir Rabia, que cherches-tu au juste ?
– J’ai perdu mon aiguille, répondit-elle.

Tous se mirent alors à quatre pattes et l'aidèrent à chercher.
Quelqu'un finit par lui dire :

– Rabia, la rue est grande, tu sais, et la nuit commence à tomber. Bientôt il fera noir, et une aiguille, c'est très petit. Te rappelles-tu où tu l'as perdue, à peu près ?

Rabia répondit :
– Oui, je me souviens ! Tout à l'heure, l'aiguille est tombée
à l'intérieur de ma maison.

Les villageois se redressèrent en riant.
Une femme dit :
– Mais enfin Rabia, si l’aiguille est tombée chez toi, pourquoi la cherches-tu ici ?
Rabia répondit :
– Parce que la lumière est ici, tandis qu’à l’intérieur il fait noir.

Un homme prit la parole :
– Voyons, Rabia ! Tu perds la tête ou quoi ?
Si ton aiguille n’a pas été perdue ici,
tu ne la retrouveras pas, même si la lumière est ici !
Un autre dit :
– Rentre chez toi, allume ta lampe, et tu vas la trouver ton aiguille !

Cette fois, c'est Rabia qui se mit à rire :
– Voyez comme vous êtes intelligents pour les petites choses ! Pourquoi ne pas utiliser votre intelligence pour les grandes choses ? Je vous vois chercher Dieu à l'extérieur de vous, alors que je sais parfaitement qu'il est perdu en dedans de vous.

Et Rabia laissa là ses voisins, muets d’étonnement.
Elle s’assit tranquillement devant chez elle et contempla la nuit.

Mais alors, Rabia, elle a fait exprès de dire qu'elle avait perdu l'aiguille ?
C'est bien possible !
Tu crois qu'elle a raison de dire que Dieu est en nous ?
Elle a raison de dire que Dieu n'est pas à l'extérieur de nous comme on l'imagine souvent. Il n'est pas un supermagicien ou un supersurveillant.

Dieu est juste en nous, alors?
Ce n'est pas si simple... écoute mon autre histoire.

Dans une grande ville de l’Inde,
coule un fleuve sacré, que l’on appelle le Gange.
Dans les eaux de ce fleuve sacré,
on peut voir des poissons et des tortues,
des personnes qui se baignent, d’autres qui prient,

des femmes qui lavent des vêtements,
des mendiants et des malades qui viennent trouver
la guérison, des vaches sacrées
qui se désaltèrent, des bateaux qui circulent…

Sur la rive de ce fleuve, un maître de sagesse parlait à ses disciples. L'un des disciples demanda :

– Maître, tu enseignes que Dieu est à l'intérieur de chacun, mais comment Dieu, qui est si grand, pourrait-il être contenu en nous ?

Le maître lui répondit :
– Prends cette cruche, va jusqu'au Gange,
et rapporte-moi de l'eau du fleuve.

Le jeune homme obéit.
Il marcha jusqu'au rivage et pénétra dans l'eau
pour remplir sa cruche jusqu'au bord.

En revenant, il fit attention à ne pas en perdre une goutte.
Le maître prit le récipient et s'étonna :
– Mais ceci n'est pas l'eau du Gange ?

– Bien sûr que si ! s’exclama le disciple.
Je l’ai puisée moi-même dans le fleuve !
Le maître reprit :
– Où sont donc les tortues, les poissons,
les gens qui se baignent, les bateaux,
et les moines qui font leurs prières ?
Je ne vois rien de tout cela.

Ceci ne peut être l’eau du fleuve sacré !
Cours la rejeter dans le Gange !

C’est ce que fit le disciple.

Quand il revint vers le maître, la cruche vide à la main, celui-ci lui dit alors :

– À présent, l'eau de ta cruche est mélangée à l'eau du fleuve. Elle contient des tortues, des poissons et tout ce qui lui manquait auparavant. C'est de l'eau du Gange.

Je ne comprends pas trop cette histoire.
C'est une façon de faire comprendre qui est Dieu. En le comparant aux deux eaux.

Mais Dieu, il n'est pas comme l'eau de la cruche ?
Si, à condition que l'eau de la cruche se mélange à celle du fleuve.

Autrement dit, personne ne peut connaître Dieu en restant seul.
Pour le connaître, il faut le chercher en soi, mais aussi se tourner vers les autres, et vers "autre chose" de plus grand encore.

Ah ! Tous nos arrosoirs sont pleins !
On va les vider dans le fleuve !
Je préférerais qu'on commence par les fraisiers !

Est-ce qu'on peut
le voir, Dieu ?

T'es content que je sois là ?
Bien sûr, ça ne se voit pas ?
Si… pas avec mes yeux mais je le vois quand même.
Tu te rappelles, une fois tu m'avais dit la même chose pour Dieu.
Oui, c'est vrai, on ne peut pas le voir, mais…
Comment on peut le connaître, alors ?
On peut s'en parler, comme nous deux, maintenant ou au catéchisme.
On peut aussi lire les textes sacrés. Pour moi, c'est la Bible.

Et parfois, dans la vie on peut voir l'empreinte de Dieu, sa présence.
Comment ça ?
Quand on passe de bons moments, quand les hommes s'entendent bien, se pardonnent, s'aiment.
Pour moi, cela veut dire que Dieu est là.
Il faudrait qu'il soit là plus souvent !
Tu as raison mais, pour le voir, il faut y mettre du sien. Une belle histoire raconte ça...

Il était une fois un cordonnier qui s'appelait Martin.
Par sa fenêtre, il ne voyait que les pieds des passants.
Comme il réparait toutes les bottes de la ville,
il reconnaissait chacun à celles qu'il portait.
Il travaillait bien, il était honnête, il livrait au jour dit.

Pour toutes ces raisons, il avait toujours du travail.
Martin avait eu une famille, mais sa femme était morte.
Quelques années plus tard, leur petit garçon
était mort lui aussi.

Martin avait vieilli. Un soir, avant de dormir, il se sentait si triste qu'il se demanda pourquoi Dieu n'était pas venu à son secours.
Il murmura : – Pourquoi vivre, mon Dieu ?
Que fais-tu ? Où es-tu ? Tu ne te montres donc jamais ?
Accoudé sur la table, il s'assoupit.
– Martin ! fit une voix à son oreille.

Martin se réveilla en sursaut.
– Qui est là ?
Il se retourna, regarda vers la porte. Personne.
Il éteignit sa lampe et se coucha.
– Eh ! Martin ! Regarde demain dans la rue. Je viendrai te voir.
Martin se frotta les yeux. Était-ce en rêve ou en réalité qu'il avait entendu ces paroles ? Il se rendormit.

Le lendemain, avant l’aurore, il se leva, alluma son poêle,
mit à cuire de la soupe au chou, prépara de l’eau pour le thé,
passa son tablier et s’assit près de son établi.
Tout en travaillant, il regardait de temps en temps par la fenêtre.
Un vieil homme passa, une pelle à la main. Il s’appelait Stépanitch.
Il commença à déblayer la neige devant l’immeuble.

Martin le voyait se frotter les mains
et taper des pieds pour se réchauffer.
Il est vieux, ce bonhomme-là, se dit Martin. Il n'a plus la force
de déblayer la neige. Il faut lui donner du thé !
Il se leva, versa de l'eau dans la théière et frappa à la fenêtre.
Stépanitch se retourna.

Martin alla lui ouvrir la porte.
– Viens t'asseoir, dit Martin, prends donc un peu de thé.
Le vieux entra, secoua la neige de ses pieds.
Martin remplit deux tasses et en poussa une vers son hôte.
Tout en buvant, il regardait à tout moment dans la rue.

– Attends-tu quelqu'un ? interrogea Stépanitch.
– Euh… hésita Martin. J'ai honte de dire qui j'attends… Hier, j'ai prié. Et je me suis endormi. J'ai entendu une voix me murmurer : « Martin, je viendrai demain. »
Stépanitch écoutait attentivement. Puis il remercia Martin, repoussa sa tasse, se leva et ressortit dans la neige.

Martin se rassit auprès de la fenêtre pour travailler.
C’est alors qu’il vit une femme dans la rue.
Elle portait des vêtements d’été tout usés. Martin se leva pour la voir.
Elle était étrangère et portait un bébé dans les bras.
Elle n’avait rien pour l’envelopper.

Martin entendit l'enfant crier. Il ouvrit sa porte et appela :
– Petite mère ! Entre, tu pourras soigner ton petit...
La femme fut surprise, mais elle entra.
– Assieds-toi près du poêle. Chauffe-toi !
Martin prit la marmite et lui versa un bol de soupe.
– Mange ! Moi, je garde ton enfant.
Il s'assit sur le lit avec l'enfant et joua avec lui.
Et le petit se mit à rire, à la grande joie de Martin.

Martin demanda à la femme :

– N'as-tu pas de vêtements chauds ?

– Non. J'ai vendu hier mon dernier châle.

Martin sortit une vieille tunique.

– Prends, dit-il, c'est usé, mais cela pourra réchauffer ton enfant.

L'étrangère fut si émue qu'elle fondit en larmes.

Elle dit : – Que Dieu te sauve, petit grand-père !

C'est sans doute lui qui t'a inspiré de m'ouvrir ta porte.

Martin répondit :
– Ce n'était pas par hasard que je regardais par la fenêtre.
Et il raconta son rêve, et la voix qui avait promis une visite.
La femme se leva, prit la tunique, enveloppa l'enfant, s'inclina et remercia Martin. Martin lui glissa dans la main une pièce de vingt kopeks. Puis il la raccompagna jusqu'à la porte.

L'étrangère partie, Martin se remit au travail.
Tout en tirant l'aiguille, il ne perdait pas la fenêtre de vue.
Voilà qu'il vit arriver une vieille marchande tout essoufflée.
Elle portait sur son dos un sac de menu bois
et au bras un petit panier de pommes.

Le gros sac lui blessait les épaules.
Elle posa à terre son fagot et son panier.
C’est alors qu’un gamin, venu on ne sait d’où,
déroba une pomme et voulut se sauver.

La vieille se retourna et saisit le petit par la manche.
L'enfant se débattit, mais elle le tint fermement, lui arracha sa casquette pour lui tirer les cheveux. Le gamin hurla.
Martin jeta son aiguille par terre et se précipita dans la rue.
La vieille menaçait d'appeler la police. L'enfant se débattait.

Martin prit le gamin par la main et dit à la vieille marchande :
– Laisse-le, babouchka. Pardonne-lui.
– Je vais le conduire au poste, oui ! répondit la vieille.
Martin la supplia :
– Laisse-le, babouchka, il ne le fera plus.

Martin se tourna vers le gamin :

– Demande pardon à la babouchka : je t'ai vu prendre la pomme.

Le petit se mit à pleurer et demanda pardon.

Martin prit dans le panier une pomme qu'il tendit à l'enfant.

– Je vais te la payer, babouchka, continua-t-il en s'adressant à la vieille.

– Tu le gâtes trop, ce garnement ! dit la vieille.
– Babouchka ! reprit Martin. S'il faut le fouetter pour une pomme, à nous, que faudrait-il nous faire ? C'est à nous, les vieux, de montrer le bien !
– Tu as raison, réfléchit la vieille. Moi-même, j'ai eu sept enfants...
Et elle se mit à parler de ses petits-enfants. Et elle s'attendrit.

– Allez, que Dieu te garde ! dit la vieille en se tournant vers le gamin.
Et comme elle allait recharger le sac sur ses épaules, le petit lui dit :
– Donne, babouchka, je vais te le porter ; c'est sur mon chemin.
La vieille en oublia même de réclamer le prix de la pomme à Martin, et ils s'en allèrent tous deux côte à côte.

Martin les suivit des yeux, puis se remit au travail.
La nuit tomba. Il alluma la lampe, balaya, et se reposa.
Il se rappela le songe de la veille et aussitôt,
il crut entendre remuer derrière lui.

Une voix murmura :

– Martin ! Eh ! Martin ! Tu ne me reconnais pas ?

– Qui est là ? dit Martin.

– Mais c'est moi ! fit la voix, c'est moi !

Il reconnut Stépanitch, qui lui sourit.

– C'est aussi moi ! fit une autre voix.

Et du coin obscur surgit la femme avec le bébé.

– C’est aussi moi ! fit une troisième voix.
La vieille apparut avec l’enfant qui tenait une pomme.
Tous sourirent. Puis tous disparurent.
Martin se sentit la joie au cœur.
Il comprit que Dieu était bien venu chez lui ce jour-là,
et que c’était lui qu’il avait accueilli.

Dieu, il était avec les gens qui sont venus voir Martin?
Oui, et avec lui aussi...
... dans ce qui s'est passé entre eux.

Si Martin n'avait pas cherché Dieu, il aurait juste vu des gens?
Oui, sans doute...
Là, il l'a cherché et il a eu comme un don pour voir ce qu'il ne voyait pas avant.

Et toi, tu le cherches, Dieu?
Oui, toujours!
Et tu le trouves?
Parfois oui, parfois non, et il arrive que je le trouve quand je n'y pensais pas!

Quand ça, par escemple ?
Quand je suis dans mon atelier avec mon petit Grobec qui cherche ā comprendre comment on peut connaître Dieu !

Qu'est-ce qu'il fait, Dieu ?

Bonjour Bao, voici mon fils Grobec.
Grobec, je te présente Bao, un chercheur d'étoiles.
Ça, c'est un télescope. Regarde... tu vois Jupiter ? ça fait comme un disque !
Ah oui ! Avec des points brillants...
Est-ce qu'on peut connaître toutes les étoiles avec un télescope ?
Non, on continue toujours à en découvrir, on n'a jamais fini... c'est ça qui est mystérieux.
Qui a fait l'univers ?
Moi, je ne crois pas que l'univers et la vie existent par hasard...

Tu crois que c'est Dieu qui a tout fait?
Je crois que quelqu'un, mais je ne sais pas exactement quoi ou qui, a voulu l'univers, la vie, les humains.

Et Dieu, il fait quoi maintenant que l'univers est créé?
Il compte sur nous! Pour connaître cet univers et pour nous en occuper et y vivre le mieux possible. Écoute cette histoire...

Un pauvre homme était assis au bord d'un chemin. Il n'avait pour toute richesse qu'un petit sac de blé. Son petit sac avec lui, il tendait machinalement la main, sans espérer grand-chose. Depuis un bon moment, en effet, aucun passant ne l'avait même regardé.

Soudain, il aperçut au loin une silhouette.
On aurait dit un carrosse se détachant à l'horizon.
En le voyant approcher, l'homme n'en crut pas ses yeux.
C'était le roi en personne qui voyageait dans son carrosse !

Le pauvre mendiant allait-il oser lui tendre la main ?
Il ne fallait pas laisser passer cette occasion !
D'abord hésitant, il finit par se précipiter vers la portière du carrosse et tendit la main.

Le roi fit un signe et le carrosse s'arrêta.
« Serait-ce la chance de ma vie ? » pensa l'homme.
La portière s'ouvrit. Le roi s'avança vers lui
et lui tendit lentement la main. Le pauvre homme ne sut que dire.
Il ouvrit son sac, prit un grain de blé et le déposa
dans la main du roi. Le roi s'en saisit et poursuivit sa route.

Tête basse, l’homme rentra chez lui.
Tristement, il fit couler son blé sur la table pour préparer son repas.

Et là, ô surprise ! Il vit briller un grain d'or.
Il s'exclama : « Pourquoi ne lui ai-je pas tout donné ! »

Le pauvre homme, il ne pouvait pas savoir. Parce que normalement, un roi, c'est riche !
Oui, et puissant !
Alors, c'est normal que le pauvre ait tendu la main.
Mais ce roi-là n'est pas comme les autres ! J'aime imaginer que c'est Dieu !
Il demande des choses aux gens... Bizarre, pour un roi !
Oui, mais si on lui donne quelque chose, il le transforme...
Qu'est-ce qu'on peut donner à Dieu ?

Alors, qu'est-ce que vous voyez ?
Euh... des grains d'or, ha ! Ha ! Ha !
Peut-être du temps, du silence, pour trouver comment transformer un peu la vie, mieux vivre ensemble...

Pourquoi il n'empêche pas
le mal, Dieu ?

CINEMA
WAR 3
J'aime pas voir les images de guerre.
Moi non plus, ça me fait peur.
Maman, pourquoi il y a la guerre?
Parce que des peuples ne sont pas d'accord.
Mais ils pourraient discuter au lieu de se taper dessus!
Bien sûr! Mais justement, ils n'y arrivent pas...
C'est un peu comme une dispute, mais en plus grand et avec des armes.

Sauf que nous, quand on se dispute, on ne tue personne !
Heureusement ! Seulement parfois on n'arrive plus à rester calme, tellement l'autre nous énerve !

Ça ne devrait pas excister, la guerre.

Si Dieu a des pouvoirs, pourquoi il n'empêche pas la guerre ?
C'est une grande question. Un conte de la Bible la pose aussi...

En ces temps-là, Dieu regarda la Terre.
Il vit les hommes qui ne pensaient qu'à faire le mal.
Ils volaient, ils se mentaient, ils se battaient...

Dieu regretta de les avoir créés. Il se dit :

– Puisque les hommes sont mauvais, je vais tout détruire !

Mais il y avait sur la Terre un homme juste
et honnête, selon la loi de Dieu. Il s’appelait Noé.
Noé avait une femme et trois enfants, trois fils.
Ses fils étaient grands, ils étaient déjà mariés.

Dieu se dit :
– Je ne vais pas tuer Noé.
Tout le monde mourra, sauf Noé et sa famille.

Alors Dieu dit à Noé :

– Construis une arche, un grand bateau en bois.
Tu lui feras trois étages, une fenêtre en haut et une porte
sur le côté. Tu t'installeras dedans avec ta famille.
Puis tu y feras entrer un couple d'animaux de chaque espèce.

Noé fit tout ce que Dieu lui avait dit.
Il commença par construire l'arche.
Il la fit comme Dieu lui avait demandé, très grande.

Puis Noé fit entrer dans l’arche sa femme,
ses fils et leurs femmes, et avec eux,
tous les animaux de la Terre,
des oiseaux et tous ceux qui volent,
du bétail et tous ceux qui marchent,
des poissons et tous ceux qui nagent,
des reptiles et tous ceux qui rampent.

Il les fit entrer deux par deux,
un mâle et une femelle
pour chaque espèce.

Puis il fit entrer toutes sortes de nourriture
pour toutes les bêtes, des graines
et des fruits, des feuillages et du fourrage…
Quand tout fut dans l'arche, il ferma
solidement la porte. Et le ciel s'obscurcit.

La pluie se mit à tomber,
elle tomba de plus en plus en fort.
Elle tomba sans cesse,
pendant quarante jours et quarante nuits.

Sur terre, les eaux grossirent.
Petit à petit, elles recouvrirent même les montagnes,
jusqu'à atteindre les sommets.

L’arche finit par être soulevée.
Elle flotta à la surface des eaux.
Les eaux grossirent encore.

Ce fut un immense déluge !
Tous ceux qui étaient restés sur la terre se noyèrent.
Puis, au bout de quarante jours, la pluie cessa de tomber.

Au bout de cent cinquante jours,
Dieu fit souffler un vent sur la terre et les eaux baissèrent.
Noé ouvrit la fenêtre et lâcha une colombe.
Mais la colombe ne trouva aucun lieu pour se poser au sec.
Elle revint très vite au bateau.

Noé attendit sept jours, et il lâcha à nouveau la colombe.
Le soir même, elle revint avec une branche d'olivier.
Un arbre n'était donc plus dans l'eau !
La terre séchait, le déluge était fini.

Noé lâcha une troisième fois la colombe
et cette fois elle ne revint pas.

Dieu dit alors à Noé :
– Sors de l'arche avec ta famille,
et fais sortir avec toi tous les animaux.
Qu'ils se répandent partout sur la Terre, qu'ils fassent des petits.
Noé sortit, avec sa femme, ses fils et leurs femmes,
puis les bêtes sortirent de l'arche à leur tour.

Dieu se dit :

– Plus jamais je ne frapperai ce qui est vivant !

Dieu bénit alors Noé et les siens, et leur dit :
– Les oiseaux, les poissons, l'herbe verte…
tout ce qui vit sur la Terre est entre vos mains.
La Terre est pour vous, habitez-la !
Vous, vos enfants, les enfants de vos enfants !
Soyez nombreux sur la Terre entière !

Dieu dit encore :
– Je fais alliance avec vous,
Plus jamais je n’enverrai le déluge.
Je suis avec vous pour toujours.

Voici un arc-en-ciel, comme signe de cette alliance
entre la Terre et le Ciel, entre vous et moi.

L'arc-en-ciel nous relie à Dieu ?
C'est une façon de parler, une image poétique.

C'est une façon de dire que Dieu est "au ciel", c'est-à-dire qu'on ne le voit pas mais qu'il est aussi avec les humains qui sont sur la terre.
Mais il ne veut pas intervenir et veut laisser le monde tourner librement.

Ça n'empêche pas les malheurs ni les méchancetés, ça ?
Non.
Mais pour les croyants même si Dieu ne fait rien à leur place, il est avec eux pour ne pas baisser les bras devant le malheur.

Oh, il pleut !
Oh regarde, il y a du soleil !
Ça va faire un arc-en-ciel !

Pourquoi on n'a pas tous
le même Dieu?

Tu crois en Dieu, toi ?
Oui, comme Papi.
T'es chrétien, alors ?
Ben... oui
Moi, mon papa, il est musulman et nos voisins ils sont juifs.
Et nous, on a des amis qui sont bouddhistes.
Papi, il y a combien de religions ?
Houla, je ne sais pas. Beaucoup...

Toutes ne parlent pas de Dieu de la même façon. Certaines parlent de Dieu comme d'une personne, d'autres parlent plutôt du "divin".
Elles sont très différentes ?
Oui, mais certaines ont des points communs.

Ah ?
La plupart, par exemple, invitent les croyants à vivre mieux avec les autres. Mais ça n'est pas si facile. Tiens, écoutez ça !

Il était une fois, dans un pays d'Orient,
un roi qui possédait un anneau d'une valeur inestimable.
Sur cet anneau se trouvait une pierre précieuse,
une opale, d'où jaillissaient cent belles couleurs.
L'anneau avait un pouvoir secret :
celui qui le portait était agréable à Dieu et aux hommes.

L’homme voulait que l’anneau restât dans sa famille.
Il le donna à celui de ses fils qu’il aimait le plus
et il décida que celui-ci le léguerait,
à son tour, au plus aimé de ses fils.
Celui qui avait l’anneau était le roi, le chef de la famille.

De fils en fils, cet anneau parvint à un homme qui avait trois fils.
Ce père aimait ses trois fils d'un amour égal.
Alors il se demandait : « Auquel des trois vais-je léguer l'anneau ? »

Quand il était avec l'aîné, c'était lui qui lui en paraissait le plus digne.
Quand il était avec le second, il se disait :
« C'est à lui que je dois donner l'anneau ! »

Et quand le père passait du temps avec son troisième fils,
il ne pouvait s’empêcher de croire que c’était lui qui méritait l’anneau.
C’est ainsi qu’il fit l’erreur de promettre l’anneau à chacun d’eux.
Tout alla bien tant qu’il vécut.

Mais quand il sentit la mort approcher, le bon père
se trouva embarrassé : s'il donnait l'anneau à l'un de ses fils,
les deux autres penseraient qu'il les avait trompés.
Alors il envoya secrètement chercher un orfèvre très habile
qui fabriquait de somptueux bijoux.

Le père commanda à l’orfèvre deux anneaux exactement identiques au sien. L’orfèvre y réussit si bien que le père lui-même ne put distinguer celui qui avait servi de modèle.

Plein de joie, il appela ses fils, l’un après l’autre ;
il donna à chacun sa bénédiction et son anneau.
Et il mourut.

À peine était-il mort que chaque fils prétendit être le roi.
Ils comparèrent les anneaux et se disputèrent.
Peine perdue : impossible de distinguer le véritable anneau.
Alors les fils allèrent voir un juge. Chacun d'eux lui expliqua qu'il tenait l'anneau de la main de son père. Et c'était vrai.

Chacun d'eux lui expliqua qu'il lui revenait d'être le roi
et c'était vrai aussi. Chacun d'eux proclama :
« Mon père ne peut pas m'avoir menti !
Ce sont donc mes deux frères qui cherchent à me tromper. »
Et chacun demanda au juge de percer la vérité.

Le juge dit aux trois frères : « Votre père n’est plus là, comment voulez-vous que je connaisse la vérité ?
Vous dites que cet anneau possède le pouvoir secret de rendre celui qui le porte agréable à Dieu et aux hommes. C’est cela qui va révéler la vérité. Car les faux anneaux n’ont pas ce pouvoir.

Eh bien ! Lequel de vous trois est-il le plus agréable aux deux autres ? Vous vous taisez ? L'anneau aurait-il perdu ses pouvoirs ? Ou bien alors, vos trois anneaux sont faux et le vrai s'est perdu ! Et pour cacher cette perte, votre père en a fait faire de nouveaux.

Prenez les choses comme elles sont, dit le juge en terminant, peut-être votre père n'a-t-il pas voulu attrister deux d'entre vous, car il vous aimait tous les trois. Eh bien ! Inspirez-vous de cet amour. Que chacun de vous s'efforce de montrer le pouvoir secret de son anneau, par sa douceur, par son attention, par sa bienfaisance et son entière confiance en Dieu.

Si ces qualités se manifestent chez vous,
vous pourrez les transmettre à vos enfants
et aux enfants de vos enfants d'ici à mille et mille ans. »
Et les frères repartirent chez eux, chacun avec leur anneau
réconciliés et désireux d'être agréables à Dieu et aux hommes.

Les trois anneaux ce sont trois religions ?
On peut l'imaginer.
Oui mais comment on sait quelle est la bonne ?
Ça, l'histoire ne le dit pas !
Ce qu'elle dit, c'est simplement que les religions, même si elles sont différentes, cherchent à relier les hommes à Dieu et entre eux.
Et c'est déjà beaucoup !

Je mets la dernière pierre à notre barrage !
Bravo, les bâtisseurs !
Allez ! J'y vais, je traverse !
Moi aussi ! Je voudrais bien savoir ce qu'il y a de l'autre côté...

Les sept histoires de ce livre sont inspirées de contes traditionnels :

P. 16 à 23 : *La grenouille et l'océan*, conte chinois.

P. 30 à 37 : *À la recherche de l'aiguille*, conte soufi.

P. 40 à 49 : *L'eau du fleuve*, conte hindou.

P. 56 à 77 : *Le vieil homme qui voulait voir Dieu*, d'après un conte de Leonid Tolstoï, *Là où est l'amour, là est Dieu.*

P. 84 à 89 : *Le sac de blé*, conte d'origine africaine.

P. 96 à 117 : *Le déluge,* d'après un conte tiré de la Bible, livre de la Genèse, chapitres 6 à 9.

P. 124 à 137 : *Les trois anneaux,* conte extrait de la pièce *Nathan le Sage*, de G. E. Lessing, d'après un conte juif.

Suivi éditorial : Anne Bideault

ISBN : 978-2-7470-3879-9
Dépôt légal : septembre 2012
Imprimé à Singapour

Dans la même collection